Peter Klasvogt / Hans Stapel
Durchkreuzt und verwandelt

Peter Klasvogt
Hans Stapel

Durchkreuzt und verwandelt

Fazenda da Esperança –
wo die Hoffnung einen Namen hat ...

BONIFATIUS
Druck · Buch · Verlag
PADERBORN

Imprimatur. Paderbornae, d. 7. m. Junii 1996
Nr. A 58-21.00.2/418. Vicarius Generalis i. V. Dr. Schmitz

Die Deutsche Bibliothek – CIP-Einheitsaufnahme

Klasvogt, Peter:
Durchkreuzt und verwandelt : Fazenda da Esperança – wo die
Hoffnung einen Namen hat / Peter Klasvogt ; Hans Stapel. –
Paderborn : Bonifatius, 1996
  ISBN 3-87088-927-6
NE: Stapel, Hans:

2. Auflage 1996

ISBN 3-87088-927-6

© 1996 by Bonifatius GmbH Druck · Buch · Verlag Paderborn
Alle Rechte vorbehalten. Das Werk einschließlich seiner Teile ist urheberrechtlich geschützt. Jede Verwertung außerhalb der engen Grenzen des Urheberrechtsgesetzes ist ohne Zustimmung des Verlages unzulässig und strafbar. Das gilt insbesondere für Vervielfältigungen, Übersetzungen, Mikroverfilmungen und die Einspeicherung und Verarbeitung in elektronischen Systemen.

Gesamtherstellung:
Bonifatius GmbH Druck · Buch · Verlag Paderborn

Vorwort: Im Tal der Hoffnung

Im Tal bei Guaratinguetá, zwei Autostunden von São Paulo entfernt, gibt es seit einigen Jahren die Fazenda da Esperança. Im vorigen Jahr öffnete das Centro São Liborio seine Tore. Ein geistlicher Ort, einladend für alle, die neues Leben suchen. – Wie kommt der heilige Liborius in dieses brasilianische Tal?

Der heilige Liborius ist ein Mensch, der Brücken geschlagen hat. Seit 1 200 Jahren wird er in Deutschland, vor allem in Paderborn als Patron von Bistum und Stadt, verehrt. Gelebt hat er niemals in Paderborn. Erst 400 Jahre nach seinem Tode wurden seine Reliquien von Le Mans in Frankreich, wo er im 4. Jahrhundert Bischof gewesen war, in einer feierlichen, langen Prozession von über 1 000 Kilometern nach Paderborn gebracht. Im jungen Missionsland suchten die Gläubigen einen Heiligen als ihren Fürsprecher, ihren Begleiter auf dem Pilgerweg des Glaubens. Sie fanden ihn im heiligen Liborius. Als gebürtiger Paderborner hat Pater Hans Stapel OFM, Franziskaner aus Paderborn, von Kind an den heiligen Liborius kennengelernt und Vertrauen zu ihm gewonnen. Dieses Vertrauen hat er mitgenommen in seinen priesterlichen Dienst nach Brasilien. Wann braucht man einen Heiligen mehr als in extremen Situationen? Als er mit einer Gruppe von Mitarbeitern den Weg zu einem neuen Leben für Drogenabhängige und Aidskranke suchte, da war der heilige Liborius als Fürsprecher dabei.

So haben es die Gläubigen immer gemacht: Sie haben ihre Heiligen in ihren Nöten, in ihren Anliegen, in ihren Sorgen, in ihren Hoffnungen in Anspruch genommen. In Paderborn wurde der heilige Liborius Patron gegen Nieren- und Gallensteine. Wer die Schmerzen erlitten hat, kann es nachfühlen: In der Zeit, als medizinische Hilfe noch kaum die Schmerzen lindern konnte, haben die schmerzgeplagten Menschen ihren Heiligen angerufen, ja sie haben ihn bedrängt. Warum sollte er nicht auch der Fürsprecher für die vielen Menschen, besonders die jungen Menschen, sein, die in die Abhängigkeit von Drogen geraten, die HIV-infiziert sind, ausgegrenzt und ziellos vor den Trümmern eines jungen Lebens stehen? Heilige werden von den Gläubigen in existentiellen Nöten in Anspruch genommen, und sie lassen sich in Anspruch nehmen!

Als ich bei der Einweihung des Centro São Liborio 1995 in Guaratinguetá war, beeindruckte mich der großartig in die Landschaft eingepaßte Bau des Exerzitienhauses, des Centro zwischen den Häusern der Fazenda: angelehnt an das alte Aquädukt, beginnend an der Scheune, die nun als Kapelle zur „himmlischen Scheune" geworden ist, bis hinunter zum Speisesaal. Es kam mir vor wie ein Rückgrat, dieses Aquädukt, an dem die Gebäude und Räume des Centro São Liborio hängen. Das Rückgrat ist der Halt, das Tragende und Bestimmende. Das ist beim Leib so und gilt auch im übertragenen Sinne. Wir sagen von einem Menschen, daß er „Rückgrat hat", und das heißt, daß er nicht vom Winde hin und hergeweht wird, nicht nur Gras ist, das sich dem Winde beugt, sondern daß auf ihn Verlaß ist. Das Aquädukt bringt lebendiges Wasser. Jesus spricht am Jakobsbrunnen zur samaritanischen Frau: „Gib mir zu trinken!" Die Frau ist verwundert, daß ein Jude eine Samariterin um Wasser bittet. Jesus antwortet ihr: „Wenn du wüßtest, was Gott gibt und wer derjenige ist, der zu dir sagt: Gib mir zu trinken, dann hättest du ihn gebeten, und er hätte dir lebendiges Wasser gegeben." Dann fährt er fort: „Wer von jenem Wasser trinkt, das ich ihm geben werde, wird nie mehr Durst bekommen, vielmehr wird das Wasser, das ich ihm gebe, in ihm zur Quelle werden, die Wasser für das ewige Leben ausströmt." Da sagt die Frau zu ihm: „Herr, gib mir dieses Wasser!" (Joh 4,3ff).

Tief beeindruckt hat mich die Begegnung mit den jungen Menschen, die Gespräche und vor allem die Feier der Eucharistie in ihrem Kreis. Sind es nicht Menschen, die den Saum des Gewandes Jesu berühren, um von ihm die lebenspendende Kraft, lebendiges Wasser zu empfangen? Frei werden kann man nicht einfach von sich aus. Das Neue ist zu empfangen, und dann kann man darin leben. Junge Menschen aus ganz Brasilien und auch einige aus Europa suchen hier nach neuem Leben. Die Achtung vor der Würde jedes einzelnen, wie sehr er auch verstrickt und abhängig geworden sein mag, spiegelt sich wider in den Häusern der Fazenda, einfach und stilvoll – wirklich ein „Menschenhaus". Ernst genommen in ihren konkreten Lebenssituationen, werden sie bestärkt im Vertrauen auf ihre eigene Kraft, auf ihre Arbeit und ihr Mittun und Mittragen, mit all ihren Fähigkeiten und Möglichkeiten. Vor allem aber ist das Vertrauen auf Gottes Gnade lebendig. Die Rückkehr zu dem, was früher einmal gewesen ist, zu Verirrung und Verstrickungen, ist kein Ausweg. Es gibt eine reale Hoffnung: Hinwendung, Hinkehr zu neuem Leben, zu neuen Ufern, zu einer offenen Zukunft, zum Quell lebendigen Wassers!

Und davon sprechen auch die Bilder von Evilázio, davon sprechen die Erfahrungen und Lebensberichte der jungen Menschen. Was verbogen und nutzlos erschien, wird verwandelt, was ausgedörrt und vertrocknet war, wird lebendig. Womit einer den Durst zu löschen versucht und doch immer durstiger wurde, wird zurückgelassen auf dem Weg zu dem, der allein lebendiges Wasser zu geben vermag. Möge der heilige Liborius für viele Brücken schlagen zum neuen Leben!

Bruno Kresing, Generalvikar

Durchkreuzte Liebe

Rostige Eisenteile, verbraucht und achtlos weggeworfen,
Schrott ohne jeden Wert und ästhetischen Reiz –
Bild des geschundenen Menschen: verbogen, verworfen, zertreten.

Es braucht die Augen des Schöpfers,
um in dem Abgenutzten und Nutzlosen
seine Schöpfung wiederzuerkennen.

Es braucht die Hände des Künstlers,
um dem Verkannten und Entstellten
die ihm innewohnende Schönheit wiederzugeben.

Es braucht einen Gott, unseren Gott,
der in seiner Liebe zu uns Menschen so weit geht,
daß er selbst sich treten, verbiegen, kreuzigen läßt.

Licht, das den Schatten kreuzweise wirft.
Gott, aufgebrochen in die äußerste Verlassenheit und Gottferne,
um uns nahe zu sein: wo immer wir auch sind – aus Liebe.

Idyllisch im Bergland gelegen, in der Serra de Mantiqueira, fernab von den etwa gleich weit entfernten Metropolen São Paulo und Rio de Janeiro, erstreckt sich, eng dem urwüchsigen Tal eingepaßt, die Fazenda da Esperança: eine Farm mit mehreren Wohnhäusern, Stallungen und ausgedehnter Landwirtschaft. Hier wie auch in weiteren Therapiezentren dieses Sozialprojekts in der nahe gelegenen Stadt und der weiteren Umgebung leben rund 200 Frauen und Männer, die meisten ehemals alkohol- oder drogenabhängig, aus der Prostitution oder dem kriminellen Gewaltmilieu kommend, die bei aller Unterschiedlichkeit der Lebenswege eines miteinander verbindet: Sie haben hier einen neuen Anfang gewagt, und man merkt ihnen an, daß sie ihre Würde und Lebensfreude wiedergefunden haben.

Jeder von ihnen hat seine Geschichte, jeder seinen ganz persönlichen Kreuz- und Leidensweg; oft genug verbunden mit der erniedrigenden Erfahrung, wie der letzte Dreck behandelt zu werden und sich selbst abstoßend zu finden. Aber wenn man diesen jungen Leuten zuhört, dann sind es Lebensgeschichten, die ihren je eigenen Wendepunkt haben, zurück ins Leben. Menschen, die alle Tiefen einer Alkohol- oder Drogenabhängigkeit durchlitten haben – denen hier vielleicht zum ersten Mal das Gefühl gegeben ist, liebenswert zu sein, und die oft ungeahnte Kräfte entwickeln, auch ihrerseits auf andere zuzugehen, Verständnis, Solidarität und Zuneigung zu zeigen, zu lieben.

Auf der Fazenda da Esperança, jener Enklave der Hoffnung, beginnen sie ein neues Leben: in kleinen Gemeinschaften, mit ehrlicher Arbeit, in der Landwirtschaft, in Werkstätten und kleinen Industriebetrieben – im Bewußtsein, von Gott geliebt zu sein und eine unzerstörbare Würde zu besitzen. Jede Hausgemeinschaft muß für den eigenen Unterhalt sorgen. Das ist ein wichtiger Baustein der Therapie, denn die meisten Neuankömmlinge sind nicht an geregelte Arbeit gewöhnt. Aber mit dem Erfolgserlebnis über ein fertiges Möbelstück, ein frisch angelegtes Beet oder eine neu gestrichene Wand baut sich ein Stück verloren geglaubtes Selbstwertgefühl auf. Schließlich gehört es zum therapeutischen Konzept, daß die Arbeit in der Regel Zusammenarbeit ist. So lernt der einzelne, Mitverantwortung zu übernehmen und den zerstörerischen Egoismus zu überwinden.

Antonio

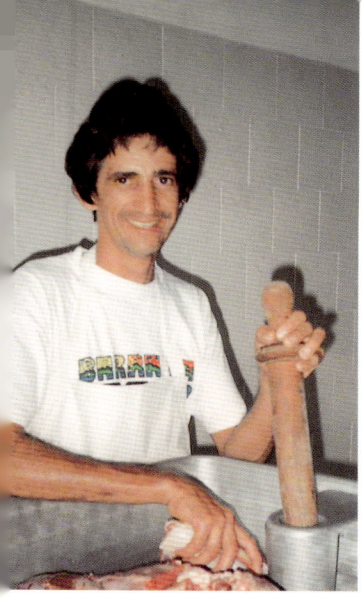

Mit zwölf Jahren habe ich zum ersten Mal in einer Diskothek Drogen genommen. Als mir klar wurde, worauf ich mich eingelassen hatte, war es schon zu spät: Ich war bereits abhängig und brauchte täglich meinen „Stoff". Meine Familie bemerkte es erst nach fünf Jahren. Zu Hause redete niemand mehr mit mir, wegen der Drogen. Das tat weh.

Eines Tages machte uns einer aus meiner Clique mit Nelson bekannt, einem jungen Kerl, etwa in meinem Alter. Zuerst dachte ich, er wolle Drogen kaufen. Später erfuhr ich, daß dem nicht so war. Er kam immer an dieser Ecke vorbei und traf sich mit uns. Ich war etwas irritiert, denn obwohl er regelmäßig in die Kirche ging, versuchte er nicht, uns zu bekehren. Er wurde einfach unser Freund, und das beeindruckte mich sehr. Einmal hatte er herausgefunden, daß einer von uns Geburtstag hatte. Er bat seine Schwester, einen Kuchen zu backen, und am Abend kamen beide zu uns. Das war für mich unvergeßlich. Wieso interessierte sich jemand aus der gehobenen Gesellschaft für uns? Ich konnte nicht verstehen, warum.

Dann kam der Abend, an dem ich von einer kleinen Feier kam und plötzlich vor Nelson stand. Wir unterhielten uns in einiger Entfernung von den anderen, und ich bat ihn, mir zu helfen: Ich wollte raus aus diesem Milieu. Er schlug mir vor, uns am nächsten Abend in der Kirche zu treffen. Ich ging hin. Von da an trafen wir uns täglich. „Was hältst du davon, jeden Tag ein Wort aus dem Evangelium zu nehmen und danach zu leben?" fragte er. Dann wollten wir uns abends darüber austauschen. Ich war einverstanden. Eins der ersten Worte, das wir aussuchten, war aus dem Matthäus-Evangelium: „Was ihr für einen meiner geringsten Brüder getan habt, das habt ihr mir getan" (Mt 25,40). Ich fragte Nelson: „Alles, was ich einem Menschen tue, tue ich Jesus?" Und er: „Alles Gute und alles Schlechte." In der Folge begann ich, zu Hause Dinge zu tun, die ich vorher noch nie getan hatte, z. B. für meine Mutter Geschirr spülen, das Haus aufräumen ... Ich hatte schließlich verstanden, daß ich alles für Jesus tat. In solchen Augenblicken empfand ich eine tiefe Freude. Vor allem begeisterte mich, wie Nelson das „Wort" lebte. Mir fiel auf, daß er häufig das Mittagessen mit den Obdachlosen teilte, und auch ich fing an, es ihm gleichzutun. Ich kaufte Obst und Milch und ging damit zu den Obdachlosen unter die Brücke.

Meine anderen Freunde merkten natürlich, daß ich mich veränderte. Bald machten auch sie mit. Drei Monate später waren wir schon zu fünft, und wir hatten fest vor zusammenzuziehen. Nelson arbeitete den Tag über und stellte seinen Lohn der Gemeinschaft zur Verfügung. Viele Nachbarn, die uns von der Straße her kannten, betrachteten uns zunächst mit Argwohn, aber bald schon unterstützten sie uns. Jeden Tag gingen wir in der Pfarrei von Frei Hans zur Messe. Er war es auch, der uns einen Handrasenmäher schenkte, damit wir uns unseren Unterhalt verdienen konnten. Nach neun Monaten schlug Frei Hans uns vor, ein Haus für Drogenabhängige zu bauen. Es sollte außerhalb der Stadt und größer als bisher sein, denn die Gruppe wuchs ständig.

Doch dann kam die Zeit, wo ich „keinen Bock" mehr hatte, auf die anderen zu hören, und ich verließ die Gruppe. Ich wurde rückfällig, nur war es diesmal viel schlimmer. Es hat Jahre gedauert, bis ich da wieder rausfand. Ich kam an eben jener Kirche vorbei, in der ich mich damals mit Nelson getroffen hatte, und ich spürte, daß Gott mich auch jetzt in sein Haus rief. Ich ging hinein, bat Ihn um Verzeihung und versprach, nie mehr Drogen zu nehmen. Diesmal sollte meine Entscheidung für Gott und seine Wege wirklich endgültig sein. Ich begann wieder zu arbeiten und traf mich erneut mit Nelson. Einige Jahre später heiratete ich Cristina. Heute bin ich 34 Jahre alt, habe drei Kinder und versuche zusammen mit meiner Familie, in allem Gott an die erste Stelle zu setzen. Die Fazenda da Esperança ist Teil meines Lebens. Hier habe ich das Leben und meinen inneren Frieden wiedergefunden. Wer mich noch von früher kennt, der muß das für ein wahres Wunder halten!

Worte, die verwandeln

Ein alter Holzstamm, von Sonne und Regen zerfressen, aufgezehrt.
Der Künstler hat ihn gefunden, ihn gereinigt und aufgerichtet.
Und er hat ihm Eisenringe angelegt, Reife wie Flügel.
Kraftfelder, die in dem Alten und Verbrauchten ihr Zentrum haben.

Ein Baumstamm ist wie ein altes Wort: verbraucht, mißachtet, entwertet.
Sind nicht auch unsere großen Worte
aus der Mode gekommen, mit der Zeit entwertet?
Worte wie: Lieben, Verstehen, Verzeihen ...

Ein altes Wort, aufgerichtet im menschlichen Miteinander,
bereit, auch heute seine Kraft zu entfalten
und dem Leben aufs neue Leben einzuhauchen ...

Das Leben auf der Fazenda kreist um Worte: alte Worte, der Bibel entlehnt, die jedoch im Zusammenleben der jungen Leute eine ungeahnte Dynamik entfalten. Es sind einfache Worte, leicht verständlich und unmittelbar einsichtig, die daher als Lebensregeln für das Miteinander taugen. Eine Hausgemeinschaft nimmt sich am Morgen etwa als Programm die goldene Regel, den meisten als Sprichwort bestens bekannt: „Was du nicht willst, das man dir tu, das füg auch keinem anderen zu!" Aber das Überraschende dabei ist, daß man tatsächlich auch danach leben kann. Am Abend kommt die Wohngruppe wieder zusammen und tauscht sich aus, wie weit die Losung den Tag über gegriffen hat: ob es gelungen ist, nicht ausfällig geworden zu sein, nicht mißtrauisch, nicht verletzend. Ein anderes Mal wird das Motto positiv gewendet: „Alles, was ihr von anderen erwartet, das tut auch ihnen" (Mt 7,12). Das eigene Denken und Handeln positiv zu beeinflussen ist für die meisten total ungewohnt, vor allem am Anfang, wenn der Körper rebelliert, weil er keine Drogen mehr bekommt, und wenn die körperliche Arbeit, der feste Lebensrhythmus, die Einbindung in eine Gemeinschaft als eine unmenschliche Tortur vorkommen.

„Die Leute, die ankommen, sind voller Stolz, sind gefangen von Sex, Drogen, Geld, von lauter vergänglichen Dingen", sagt Vamberto, der selbst vor Jahren aus dem Milieu ausgestiegen ist und hier wieder Tritt gefaßt hat. „Wir versuchen, ihnen in all dem eine neue Klarheit zu geben: daß es etwas Übernatürliches, Unendliches gibt." Mit der Zeit verfehlen diese gemeinschaftlich gefaßten Vorsätze nicht ihre Wirkung. Sie führen zu einer Umkehr im Denken – und auch im Handeln. Man erlebt, daß auch der andere sich müht, etwa wenn einer vor den anderen bekennt, daß er die Geduld verloren hat oder in der Hitze der Diskussion laut geworden ist. Es ist keine Schande, Fehler einzugestehen und um Verzeihung zu bitten. Das imponiert und gibt Mut auch für das eigene Bemühen.

Worte des Evangeliums, eins ums andere in die Tat umgesetzt, und darüber ständig im Gespräch sein: das ist die grundlegende Pädagogik dieses Selbsthilfeprojekts und der eigentliche therapeutische Ansatz, sozusagen die Unternehmensphilosophie. So werden die kleinen häuslichen Gemeinschaften Woche für Woche jeweils durch ein „Wort" geführt, und das „Wort" führt sie zu einem zunehmend erfüllten Leben. Darin liegt das Geheimnis, warum die meisten es schaffen, wieder neu anzufangen.

Tarquínio

Ich stamme aus São Paulo und bin 37 Jahre alt. Das Verhältnis zu meiner Familie, zu meinen fünf Geschwistern und besonders zu meiner Mutter, war immer gut. Meine Familie hatte alles getan, damit ich studieren konnte. Als ich 15 war, gab mir ein Freund in der Schule zum ersten Mal Drogen. Ich war bald abhängig und landete immer tiefer in der Drogenszene. Damals brachte mich meine Mutter mehrmals in psychiatrischen Kliniken unter, aber ich hielt es nie länger aus und wurde schnell wieder rückfällig. Mehrmals landete ich im Gefängnis, und ständig tauchte die Polizei zu Hause auf.

Meine Mutter sah, daß es mir nicht gutging. Einmal erzählte sie, daß man auf der Fazenda da Esperança von der Droge loskommen könne, wenn man bereit sei, ein ganzes Jahr da zu bleiben und zu arbeiten; ich müsse aber selbst um die Aufnahme bitten. Ich willigte ein und schrieb einen Brief. Dabei dachte ich an bestimmte Filme und stellte mir die Fazenda wie eine Strafkolonie vor, wo man unter Polizeiaufsicht arbeiten muß. Doch es war ganz anders. Ich wurde von allen freundlich und mit großer Herzlichkeit aufgenommen.

Die ersten drei Monate hatte ich viele Schwierigkeiten. Ich war schon über 20 Jahre nicht mehr in einer Kirche gewesen, und ich konnte nicht einmal richtig beten; außerdem hatte ich auch keine Lust dazu. Ich wollte möglichst schnell wieder weg. Doch bei einer unserer Morgenrunden in der Wohngemeinschaft stießen wir auf einen Satz aus dem Evangelium, der mir sehr naheging: „Dieses Volk ehrt mich mit den Lippen, sein Herz aber ist weit weg von mir" (Mk 15,8). Dieser Tag war der Wendepunkt in meinem Leben. Für mich war es der Anstoß, einen Tag aus Liebe zu Gott zu leben. Ich erinnere mich, wie ich eine Arbeit beendete und gleich darauf eine andere begann: Nach der Arbeit im Hasenstall ging ich in die Sanitätswasserfabrik. Danach half ich, Viehfutter aus einem Lastwagen zu räumen, und im Anschluß daran habe ich mitgeholfen, noch einen anderen Lkw zu beladen. Nachdem ich an diesem Tag so viel Positives getan hatte, spürte ich am Abend eine Freude, wie ich sie nie zuvor erlebt hatte. Danach nahm meine Rehabilitation einen anderen Verlauf, so daß mir sogar angeboten wurde, zusammen mit einem anderen für ein Haus die Verantwortung zu übernehmen.

Nachdem mein Jahr auf der Fazenda abgelaufen war, fühlte ich mich verpflichtet, das weiterzugeben, was ich selbst empfangen hatte. Mir war es ein inneres Bedürfnis, mich derer anzunehmen, die auf der Fazenda landeten – genauso wie ich eines Tages hier angekommen war, mit all den Schwierigkeiten, aber voller Hoffnung.

Mit den Jahren habe ich das Leben auf der Fazenda vertiefen können und gehöre heute zu einem Kreis von engagierten Leuten aus der Stadt, die ihr Leben nach dem Evangelium ausrichten und sich aus christlicher Überzeugung für die Gesellschaft einsetzen. In den letzten Jahren habe ich mehrfach gute Angebote bekommen, in São Paulo zu arbeiten. Auch meine Familie hätte es gern gesehen, wenn ich wieder zurückgekehrt wäre. Aber was soll ich in São Paulo, wenn ich das, wonach ich mich sehne, hier auf der Fazenda gefunden habe? So habe ich mich anders entschieden. Mein Leben gehört Gott, und Er hat mich nicht enttäuscht. Nach 15 Jahren habe ich wieder mein Studium aufgenommen. Heute arbeite ich in der Verwaltung der Fazenda. Ich hatte mir immer gewünscht, mein Leben mit einem Menschen zu teilen und eine Familie zu gründen. Auch da hatte Gott sicher seine Hand im Spiel, denn hier habe ich auch meine Frau kennengelernt. Wir sind beide sehr glücklich, und ich bin überzeugter denn je: Wenn man alles für Gott läßt, Vater, Mutter, einfach alles, dann schenkt Er dafür das Hundertfache.

Mahl der Sünder

*Hacken, stillos,
aufgereiht an einem alten Balken
zum Abendmahl.*

*Mahl der Sünder – und Jesus mittendrin,
geformt aus demselben Material wie seine Jünger,
aus dem Stoff des Alltags, der Alltäglichkeit.*

*Tischgemeinschaft derer,
die sich selbst verbraucht und aufgegeben haben,
jeder auf seine Weise hineingeholt in den Kreis der Jünger,
für die Er sein Leben gab.*

*Das Mahl der Sünder – eine Tabernakeltür.
Durch sie finden auch andere
Zugang zu Ihm, dem Brot des Lebens*

Abend für Abend kommen die „drogados", wie die Bewohner der Fazenda sich selbst nennen, zur Messe zusammen: im wahren Sinne des Wortes ein „Mahl der Sünder". Die meisten von ihnen haben seit Jahren keinen Bezug zu Religion und Kirche, doch jeder hat hier seine persönliche Bekehrungsgeschichte. Und wer den Tag über versucht, ein Wort Gottes in die Tat umzusetzen, der entwickelt mit der Zeit eine Sensibilität dafür, diesem Gott dann auch in der Feier der Messe zu begegnen. Es sind Männer und Frauen aus allen sozialen Schichten, die das sogenannte „Leben" in all seinen Höhen und vor allem Tiefen kennengelernt haben – weiß Gott keine spirituell „abgedrehten" Typen, die aber sehr wohl einen Sinn dafür entwickeln, was ihrem Leben wirklich Orientierung und Halt geben kann.

Insofern verwundert es nicht, daß die Messe oft in einer sehr dichten, gesammelten Atmosphäre gefeiert wird, und die einfachen Worte, mit denen das Evangelium erläutert oder eine konkrete Situation des Zusammenlebens angesprochen wird, fallen bei vielen auf fruchtbaren Boden. Das läßt auch die nicht unberührt, die in der Anfangsphase ihrer Therapie „unvorbelastet" einfach mal mit zum Gottesdienst kommen. Manch einer hat auf diese Weise seinen Glauben wiedergefunden oder ihn überhaupt erst kennengelernt. Und so kommt es regelmäßig vor, daß auf der Fazenda junge Leute mit 18, 25 oder 32 Jahren getauft werden, das Sakrament der Firmung empfangen oder zur Erstkommunion gehen. Das ist natürlich jedesmal ein Fest für die ganze „Gemeinde". Entsprechend wird im Laufe des Jahres auch so manche Ehe geschlossen oder kirchlich „in Ordnung" gebracht.

Angelpunkte des Tages sind der geistliche Impuls am Morgen in den Hausgemeinschaften und die gemeinsame Messe am Abend, in der alles Erlebte und Gelebte eingesammelt und Gott hingehalten wird. In diesem Klima des Gebetes kommt oft so manches Bedrückende und Belastende hoch, was auch persönlich ausgesprochen, gebeichtet werden will: ein Abladen von Schuld, oft zentnerschwer und über Jahre mitgeschleppt. Bekennen der Schuld und Feier der Eucharistie, „Danksagung", gehören zusammen; das wissen die Menschen hier in einem sehr elementaren Sinn.

Paul

Ich heiße Paul Stapel und stamme aus Paderborn. Als ich meinen Zwillingsbruder Hans, der unmittelbar nach der Schule zu den Franziskanern nach Brasilien gegangen war, zu seinem zehnjährigen Orts- und Ordensjubiläum das erste Mal besuchte, hätte ich mir nicht träumen lassen, selbst einmal als Missionar in Brasilien zu landen. Damals unternahmen wir u. a. eine Reise in den Nordosten. Dom Reinaldo Pünder, der deutsche Bischof der Diözese Coroatá, hatte uns gastfreundlich in sein Haus aufgenommen. Als er mich eines Morgens unvermittelt fragte: „Können Sie sich vorstellen, hierherzukommen und hier zu arbeiten?", antwortete ich spontan: „Ich kann überall arbeiten. Ich habe mich in der Priesterweihe für Gott entschieden, nicht in erster Linie für die deutsche Kirche." Langsam reifte in mir der Entschluß, diesem Ruf nach Brasilien zu folgen. Zwei Jahre später, im Januar 1986, traf ich mit der Zustimmung meines Heimatbischofs in Coroatá ein.

Die Entscheidung für Brasilien traf meine Mutter hart. Wenige Monate zuvor war Vater gestorben, kurz nach Vollendung seines 70. Lebensjahres. Mich beeindruckt noch heute, wie Mutter damals reagierte. Sie hat mir immer Mut gemacht, darauf zu schauen, was Gott will. Immerhin war ich bereits der zweite Sohn, der sie verlassen und in die Mission gehen wollte. Als ich gerade abreisen wollte, wurde Mutter schwer krank: eine verzwickte Situation, denn ich fragte mich, was in dieser Situation wirklich der Wille Gottes ist. In meinem Innern schloß ich mit Gott einen Vertrag: „Ich habe Dir mein Leben gegeben. Deinetwegen gehe ich nach Brasilien. Jetzt vertraue ich Dir meine Mutter an. Sorge Du hier für sie!" Bei unseren Verwandten stieß ich auf Unverständnis. Wie könne ich sagen, daß Gott mich ruft, und dabei so herzlos sein, die eigene Mutter in einem solchen Zustand zurückzulassen! Trotzdem war ich innerlich im Frieden, denn ich war überzeugt, daß Gott es war, der mich rief. Zu meiner großen Freude besserte sich Mutters Zustand kurz nach meiner Ankunft in Brasilien. Bis zu ihrem Tod im Sommer 94 hat sie an meinem Leben an der neuen Wirkungsstätte regen Anteil genommen und mich noch dreimal in Maranhão besuchen können. All die Wechselfälle der letzten Jahre kann ich für mich persönlich nur auf den einen Nenner bringen: Für Gott ist alles, wirklich alles möglich!

Nunmehr bin ich selbst bereits seit zehn Jahren im Nordosten, dem „Armenhaus" Brasiliens, und ich bin hundertprozentig überzeugt, daß meine Entscheidung richtig war. Es gibt so viele Gelegenheiten, Jesus in den Armen zu sehen, die jeden Tag an meine Tür klopfen. Und in meinem weiten Pfarrgebiet gibt es einen Ableger der Fazenda da Esperança mit rund 60 „drogados". Da erlebe ich häufig, wie sehr ich gerade auch als Priester gebraucht werde. Wo sonst, wenn nicht hier, ist die verzeihende und aufrichtende Liebe Gottes mit Händen zu greifen. Es ist für mich beglückend, etwa einem unserer „schweren Jungs" in der Beichte sagen zu dürfen, daß seine Sünden vergeben sind und Gott ihm einen neuen Anfang schenkt. Solche Momente sind unvergeßlich. Ich darf dabeistehen, wenn ein junger Mensch sich öffnet und sein ganzes Elend, seine Schuld und sein Versagen bekennen und der Barmherzigkeit Gottes überantworten kann. Da geht – oft innerhalb kurzer Zeit – eine Wesensveränderung vonstatten, wie sie andere in langen Jahren nicht erreichen.

Ich erinnere mich z. B. an einen Jugendlichen, der mit seinen 21 Jahren bereits alles nur denkbar Schlechte durchgemacht hat, mehrfachen Mord inbegriffen. Jemand, der rein menschlich eigentlich nie wieder glücklich werden könnte. Es ist etwas Großes, ihm in all dem Scheitern zusagen zu dürfen: Auch für dich besteht Hoffnung! Auch für dich ist Jesus am Kreuz gestorben! Es gibt einen Weg, der aus dem Elend herausführt! … Wenn man ihn heute sieht, dann trifft man wirklich auf einen verwandelten Menschen, der die Chance seines Lebens ergriffen hat und einer unserer „Aktivposten" und für viele seiner Mitbewohner auf der Fazenda ein ermutigendes Beispiel ist. So etwas erfüllt mich zutiefst mit Dankbarkeit und Ehrfurcht gegenüber der Größe der Liebe Gottes, und es bestärkt mich in meiner Berufung, anderen Priester und Bruder zu sein.

Grundton des Miteinanders

Die Kirchenglocke hat ausgedient.
Sie hat die Gemeinde zusammengerufen
und zum Gebet angehalten.

Nun hat sie ihren Platz mitten im Speisesaal,
auf einen ausgedienten Faßboden genagelt
in dem Gewirr der Rädchen und Schrauben,
der Bretter und Eisenstangen.

Aber auch hier klingt sie noch immer gut
und mahnt zum Einklang, zum Zusammenspiel.
Sie gibt den Ton an, nach dem das Leben sich ordnen soll –
Kirchenglockengeläut, das bis zum Himmel dringt.

Aus denen, die mit dem neuen Lebensstil bereits vertraut sind und in der christlichen „Lebensphilosophie" Fortschritte erzielt haben, werden jeweils die neuen Verantwortlichen für eine Hausgemeinschaft ausgewählt, natürlich nach vorheriger Schulung und kontinuierlicher Begleitung. Dieses Verfahren hinterläßt einen tiefen Eindruck, macht es doch unmißverständlich klar, daß den neuen Verantwortlichen, die oft ein langes Vorstrafenregister haben, etwas zugetraut wird. Ein solcher Vertrauensbeweis stärkt das meist schwach ausgebildete Selbstwertgefühl: „Du kannst etwas, und du hast etwas zu geben!" Zugleich ist es ein Ansporn, die in sie gesetzten Hoffnungen nicht zu enttäuschen. Aber auch für alle anderen, die noch am Anfang ihrer Therapie stehen und mit sich und ihren Abhängigkeiten und Fixierungen zu kämpfen haben, ist dieser Modus ein ermutigendes Signal. Am Beispiel der Verantwortlichen, die alle eine ähnliche Vorgeschichte haben und daher auch verständnisvoll mit den Neuankömmlingen umgehen können, wird deutlich, daß es möglich ist, aus dem Elend herauszukommen und ein neues Leben zu beginnen – in Würde, in Verantwortung, im Glauben.

Für eine Hausgemeinschaft sind jeweils zwei „Fortgeschrittene" gleichberechtigt verantwortlich. Das verweist sie ständig darauf, sich abzustimmen, den Konsens zu suchen, nach dem Willen Gottes zu fragen. Denn ihre Autorität beruht in der Regel nicht auf ihren menschlichen Begabungen und Fertigkeiten. Oft haben sie keine große Schulbildung oder einen Beruf und sind denen, die ihnen anvertraut sind, vom Alter oder der Bildung her unterlegen. Aber ihre Kraft liegt in der Einheit: daß sie so miteinander umgehen, wie es dem Gebot Jesu entspricht, in der gegenseitigen Liebe (vgl. Joh 15,12). Und diese Art des Miteinanders, des Gebens und Nehmens, des Verzeihens, der je größeren Liebe ... ist stilbildend, selbst für die oft rauhen Gesellen, mit denen sie unter einem Dach leben. So entsteht mit der Zeit ein familiärer Umgang, eine Atmosphäre, in der – oft ohne daß man sich dessen bewußt ist – Gott gegenwärtig ist: wie Jesus es denen verheißen hat, die in seinem Namen zusammen sind (vgl. Mt 18,20). So steht hinter dem pädagogischen Programm letztlich eine Person, Jesus inmitten der Gemeinschaft, der den Grundton für das Miteinander angibt.

Júlio

José Júlio da Silva, einer der ersten Verantwortlichen auf der Fazenda, kam bei einem Arbeitsunfall am 7. Juli 1989 ums Leben. Er war einem „seiner" Leute zu Hilfe geeilt, als der an einem steilen Abhang pflügen wollte. Der Trecker stürzte um und begrub ihn unter sich. Für Júlio kam jede Hilfe zu spät.

Bereits mit 14 Jahren begann für ihn der Leidensweg: Alkohol, Drogen, Raubüberfälle, Gefängnis – für die meisten seiner Schicksalsgenossen ein unentrinnbarer Zirkel. Doch Júlio hatte Glück. Nachdem er zehn Monate seiner Strafe verbüßt hatte, bekam er die Chance, den Rest der Strafe im offenen Vollzug, auf der Fazenda da Esperança, zu verbringen. Für Júlio, er war damals 28 Jahre alt, tat sich unverhofft ein neuer Horizont auf, doch nur für kurze Zeit. Die Verlockung, wieder in das alte Milieu abzutauchen, dazu das Drängen einer Freundin, die auf ihn wartete, war zu stark. Júlio riß aus, zurück auf die Straße, auch auf die Gefahr hin, wieder aufgegriffen und hinter Gitter gebracht zu werden. In der „Freiheit" ging es ihm schlecht. Er verfiel dem Suff, der ihn an den Rand des Todes brachte. Aber irgendwie schaffte er es, wieder an die Tore der Fazenda zu klopfen und um Aufnahme zu bitten. Er hatte auch ein zweites Mal Glück: Er wurde angenommen. – Mit dieser Rückkehr nahm sein Leben eine entscheidende Wendung. Diejenigen, die mit ihm zusammen waren, merkten, wie er sich veränderte, aufblühte, wie er auch menschlich reifte. Er hatte seinen Weg gefunden. Es war, als sei das Leben neu in ihn zurückgekehrt, und mit seiner Einfachheit und Spontaneität eroberte er die Herzen.

Júlio wurde einer der ersten „drogados", denen für ein Haus bzw. eine Farm die Verantwortung übertragen wurde. In seiner konkreten Art, selbst mit anzupacken und als erster zu lieben, Zeit zu haben, für jeden „seiner" Leute dazusein …, war er für alle ein Vorbild. Er stand morgens eine Stunde eher auf als die anderen, um in der kleinen Hauskapelle für die ihm Anvertrauten zu beten. An ihm konnte man buchstäblich ablesen, was es heißt, daß wir „aus dem Tod in das Leben hinübergegangen sind, weil wir die Brüder lieben" (1 Joh 3,14). Für die Fazenda wurde er zu einer tragenden Säule, auch über den Tod hinaus. Die Ernsthaftigkeit, mit der er sich für ein engagiertes Leben aus dem Glauben entschieden hatte, wurde in ihm zu einer geistigen Kraft, der sich keiner entziehen konnte. Es war schon merkwürdig, in der letzten Zeit ausgerechnet aus dem Mund eines „gewendeten" Ganoven so häufig das Wort „lieben" zu vernehmen. Das dokumentieren auch seine gelegentlichen Tagebuchaufzeichnungen:

> *„Es war ein Tag, an dem ich versucht habe zu lieben, und deshalb war es ein schöner Tag. Ich habe drei Brüdern, die in meinem Zimmer schlafen, das Bett gemacht. Ich, der ich sonst nicht einmal mein eigenes Bett gemacht habe! Das macht mich sehr glücklich. … Ich habe noch mehr gemacht, aber ich bin jetzt müde und erinnere mich nicht mehr. Ich danke Gott für diesen Tag, der zu Ende geht. Danke meinem Vater und meiner Mutter. Ich wünsche mir, morgen viel lieben zu können."* (3/9/88)

> *„Heute habe ich getan, was ich konnte. Als ich aufstand, hatten wir kein Wasser im Haus, und ich mußte bis zur Quelle gehen. Am Anfang wollte ich nicht, aber ich erinnerte mich an das Wort, das ich in diesen Tagen lebe, und bin dann gegangen, um den Wasserzufluß in Ordnung zu bringen. Es stimmt: Die Liebe besiegt alles. … Ich habe es auch fertiggebracht, das Abendessen zu kochen, und darüber war ich sehr glücklich. Ich habe heute viel geliebt, aber ich vergesse die Einzelheiten. Ich weiß, daß Gott all das sieht."* (4/9/88)

Später fand auch sein Bruder auf die Fazenda, ebenso seine Schwester, die Alkoholikerin war und nachts unter den Brücken schlief. Der Tag seiner Beerdigung war – bei aller Trauer – ein großes Fest, denn jeder spürte, daß Júlio nicht gänzlich tot war, daß er vielmehr lebte: bei Gott, den er gesucht und den er so sehr geliebt hatte. Am offenen Grab dankte seine Mutter allen mit bewegenden Worten: „Danke für die Blumen, die ihr für den Himmel bereitet habt. Ihn konnte Gott rufen, meine anderen Kinder noch nicht."

Der tragende Grund

Lenkstange eines Schubkarrens,
von Hand zu Hand gereicht,
abgenutzt durch den häufigen Gebrauch.
Was hat sie nicht bewegt an Last und Schutt!

Nun steht sie da an heiligem Ort,
zurechtgebogen, zusammengefügt – ein Bild für Maria,
reduziert auf die schlichte, strengste, einfachste Form,
konzentriert auf das Wesentliche: geben, schenken, hinhalten.

Frau mit Kind. Frau ohne Profil.
Sie selbst tritt ganz zurück, ihr Gesicht bleibt ausgespart.
In ihr kann jeder sich widerspiegeln.

Die Marienfigur in der Liboriuskapelle, reduziert auf ihre wichtigste Funktion, angedeutet nur das Kind auf ihrem Arm. Was wäre die Welt ohne solche Menschen, die der Welt Jesus schenken! Im Kontakt mit den drogenabhängigen Jugendlichen, die sich für ihre Rehabilitation von dem positiven Geist des Christentums leiten lassen, haben auch die klassischen Ordensgemeinschaften ihren Platz und ihre ureigene Aufgabe gefunden: für all jene, die den Glauben verloren und Gott aus ihrem Leben gestrichen haben, jenen Part Mariens zu übernehmen. Jene stille, unaufdringliche Präsenz der Schwestern verleiht dem Leben auf der Fazenda da Esperança, aber auch in den anderen Zentren dieses Sozialwerks eine Atmosphäre, in der Gott erfahrbar ist. Es war im Anfang nicht leicht zu verstehen, daß die Aufgabe der Schwestern nicht darin bestehen konnte, den Jugendlichen Arbeiten abzunehmen, für sie zu kochen, zu waschen, zu bügeln – Arbeiten, die gewöhnlich Ordensschwestern überlassen bleiben. Aber das hätte die Jugendlichen gerade darin behindert, selbst Verantwortung und Selbständigkeit zu übernehmen.

Doch Gott führte auch hier Regie. So hat z. B. eine brasilianische Schwesterngemeinschaft ihr neugebautes Mädcheninternat kurzerhand angeboten, um dort Platz für etwa 30 Aidskranke im Endstadium ihrer Krankheit zu schaffen. Die Ortsbewohner, die sich anfangs gegen ein Sterbehaus in ihrer Nachbarschaft gewehrt hatten, helfen mittlerweile, wo und wie sie können, und die Schwestern haben in der Begleitung der Sterbenden eine neue Aufgabe gefunden, die sie ins Zentrum ihrer eigenen franziskanischen Ordensspiritualität führt.

Hier, im Kontakt mit den Armen unserer Tage, den Suchtkranken und HIV-Infizierten, bekommt die Geste des Franziskus, die Umarmung des Leprakranken, ganz neue Leuchtkraft und Faszination. Allein durch ihr Dasein sind die Ordensschwestern für viele auf der Fazenda ein „Aushängeschild" dafür, daß Gott sie nicht verlassen hat. Und in ihrem hintergründigen Dienst machen sie vor aller Welt deutlich, daß Jesus auch heute ankommen will, auch in den vom Leben Enttäuschten, den Kranken und Sterbenden; denn sie sind eine Ikone Gottes.

Schwester Judith

Als ich 1992 zum ersten Mal auf die Fazenda da Esperança kam, wurde ich eingeladen, die Eucharistie mitzufeiern. Die Männer, die vorwiegend aus der Drogenszene kommen, erzählten aus ihrem leidvollen Leben und berichteten über ihre Erfahrungen mit dem Wort Gottes, die sie auf der Fazenda machen. Dadurch wurde ich in eine Lebenswirklichkeit hineingenommen, zu der ich bisher keinen ähnlichen Zugang hatte. Ich erfuhr mich mitten unter den Aussätzigen unserer Zeit. Darin wurde für mich die Gegenwart des mitleidenden Gottes deutlich spürbar. Spontan äußerte ich: Hier ist der Himmel offen! Während meines Aufenthaltes verdichtete sich dieser Eindruck: Hier ist ein Ort, wo wir unsere franziskanische Berufung und Sendung heute neu unter den Armen und mit ihnen entdecken können.

Vom jungen Franziskus wird berichtet, daß ihm eines Tages ein Aussätziger begegnete; Franziskus ekelte sich vor ihm. Doch aufgrund einer inneren Regung überwand er seinen Widerstand, ging auf den Aussätzigen zu und gab ihm den Friedenskuß. Auf dem entstellten Antlitz des Aussätzigen leuchtete ihm Christus auf und wandelte ihn im Innersten. Franziskus erkannte seinen eigenen „Aussatz" und erfuhr das große Erbarmen Gottes für sich und jeden Menschen. Der Weg des Abstiegs Jesu zu den Menschen wurde von da an sein Weg. Oft lief er durch die Gegend und rief weinend aus: „Die Liebe wird nicht geliebt. Laßt uns die Liebe wieder lieben."

Diese Gotteserfahrung des heiligen Franziskus zeigte sich mir auf der Fazenda in neuer Gestalt. Als ich meinen Mitschwestern von der Begegnung auf der Fazenda erzählte, wurde in manchen der Wunsch lebendig, Jesus und sein Evangelium wie Franziskus unter den Armen und Ausgestoßenen neu zu entdecken. Unsere Gemeinschaft sandte zwei Schwestern von Deutschland für ein Jahr auf die Fazenda. Das war unser Plan. Sehr bald entstand durch die Begegnung mit Schwestern der Kongregation von Au am Inn, deren Ursprung wie der unsrige in Dillingen/Donau liegt, ein kleiner Konvent auf der Grundlage der gleichen franziskanischen Regel. Inzwischen wollten viele unserer brasilianischen Mitschwestern für eine gewisse Zeit auf der Fazenda mitleben, um persönlich die konkrete Erfahrung zu machen, wie das Wort Gottes Menschen Schritt für Schritt von innen her verwandelt im Dienen, im miteinander Arbeiten und Feiern …, in der gegenseitigen Ehrfurcht vor der göttlichen Wirklichkeit in jedem Menschen.

Überraschend eröffneten sich für unsere Gemeinschaften neue Perspektiven: Einige Projekte entstanden. Die Schwestern von Au am Inn bzw. Pinda (brasilianische Provinz) stellten z. B. ihr fast neues Internatsgebäude in Lagoinha für Aidskranke in der Endphase zur Verfügung. Ein Arztehepaar, andere Laienhelfer, an unserem Ordensleben interessierte junge Frauen und ein kleiner Schwesternkonvent leben dort mit den Aidskranken. Sie helfen ihnen, die letzte, schwierige Wegstrecke zu gehen. Die größten Wunder, die geschehen, sind Versöhnung mit ihrem Leben und Sterben und Friede als Gabe des auferstandenen Herrn in ihrer Mitte. So hat sich die anfängliche Abwehr der Bevölkerung der Stadt verändert. Die Menschen kommen, bringen sich ein und sind Werkzeuge im Werk der Vorsehung. Sie sorgen mit für den Unterhalt der Schwerstkranken und tragen die Anbetung in der dortigen Kapelle mit. Unsere Postulantinnen lernen hier konkret und aktuell franziskanisches Leben, ähnlich wie Franziskus und seine Brüder bei den Aussätzigen.

Die Erfahrungen, die ich auf der Fazenda machte, erschließen mir die Worte des heiligen Franziskus aus unserer Regel:

> „Um der Liebe Gottes willen sollen die Brüder und Schwestern sich gegenseitig lieben, wie der Herr sagt: ‚Das ist mein Gebot, daß ihr einander liebt, wie ich euch geliebt habe.' Und sie sollen die Liebe, die sie zueinander haben, in Werken zeigen" (Reg. 7,23).

Verborgene Mitte

Verwirrende Formen, widerstrebende Kräfte,
um Eigenständigkeit ringend und unlösbar verwoben.
Ein Spiel der Kräfte, die doch eine geheime Mitte haben,
auf die sie sich beziehen, um die sie kreisen –
wie um den Rubin im Gehäuse einer mechanischen Uhr.

Um Dich, Gott, kreist das Universum.
Alles nimmt in Dir seinen Ausgang und kommt in Dir zusammen.
Stern in der Nacht, unter uns zugegen, geheime Mitte unseres Lebens.
Dein Licht – an uns liegt es, es aufzunehmen und auszustrahlen,
jenseits der Dornenkrone des Dunkels.

Die Plastik, zusammengebaut aus Schrott, ist genau dort aufgehängt, wo die Kommunität allabendlich zusammenkommt. Sie weist auf den zentralen Punkt, die verborgene Mitte im Räderwerk des Zusammenlebens, auf Gott, ohne den keine wahre Hoffnung auf Leben keimen kann. Die Anziehungskraft dieses Projekts und das Geheimnis seines Erfolgs liegen, glaubt man seinem Gründer, nicht so sehr in der Organisationsstruktur als vielmehr an dieser geistlichen Ausrichtung. Denn in den verschiedenen Bereichen des Therapiezentrums finden sich nicht nur Ehemalige, die, einmal geheilt, jetzt ihrerseits Hand anlegen und andere auf dem Weg der Heilung begleiten. Das Sozialwerk lebt wesentlich von jenen, die, obwohl nicht selbst betroffen, aus christlicher Überzeugung das Leben der „drogados" teilen und genau darin ihre Berufung erkennen, inmitten all jener vom Leben Geschlagenen ganz für Gott zu leben. Vor diesem Hintergrund wird auch verständlich, warum das Sozialwerk so zurückhaltend ist, weitere Häuser und Zentren zu eröffnen, obwohl zahlreiche Bitten und Angebote, auch aus anderen Ländern, vorliegen. Es braucht diese wenigen, die mit ihrer Existenz dafür stehen und garantieren, daß sich der therapeutische Zweck nicht verselbständigt, sondern eine „Seele" behält – eben jenen „Rubin", die verborgene Mitte und geistliche Achse, um die sich auf der Fazenda alles dreht: ein Leben mit „Jesus in der Mitte" (vgl. Mt 18,20).

Ein jeder von ihnen hat seine ganz eigene Berufungsgeschichte. Von Nelson, dem Mitbegründer dieses charismatischen Unternehmens, war schon die Rede. Für ihn ist klar, daß sein Platz hier inmitten der „drogados" ist, als jungfräulich lebender Mensch. Anderson und Luiz hatten eigentlich vor, Priester zu werden, und wollten nur vorab ein Sozialpraktikum leisten. Im Dienst an diesen Menschen ist ihnen aufgegangen, daß Gott sie vielleicht dazu ruft, ihr Priestertum in dem Sozialwerk auszuüben. Iracy zum Beispiel, der die Leitung für das Frauenzentrum übertragen ist, arbeitet nebenher noch in einer Bank und bringt ihr gutes Gehalt in die Gütergemeinschaft ein. Und nicht zu vergessen Caesar, der zuvor in einer Ordensgemeinschaft lebte. Aufgrund eines ärztlichen Kunstfehlers war er von einem Tag auf den anderen querschnittsgelähmt, und seine Oberen sahen keine Möglichkeit, ihn mit diesem Handicap weiterhin im Orden zu behalten. Auch er hat auf der Fazenda da Esperança sein Zuhause und eine Lebensaufgabe gefunden. Heute ist er verantwortlich für die ganze Verwaltung und studiert „nebenbei" noch Philosophie und Theologie, zusammen mit Anderson, Luiz und Nelson. Und so Gott will, wird er auch zusammen mit ihnen zum Priester geweiht.

Nelson

Ich heiße Nelson Giovanelli Rosendo dos Santos. Mit 17 Jahren hatte ich, wie vielleicht die meisten Jugendlichen in dem Alter, zu Hause massive Probleme, vor allem mit meinem Vater. Genau in der Phase bekamen wir in der Gemeinde einen neuen Pfarrer, Frei Hans, der mich tief beeindruckte. Von ihm konnte man lernen, das Evangelium in die Tat umzusetzen. Während einer seiner Predigten begriff ich intuitiv, daß ich auch zu Hause damit ernst machen mußte. Und tatsächlich: Mit der Zeit entwickelte sich die Beziehung zu meinem Vater ganz positiv.

Jeden Tag führte mein Weg zur Arbeit an einem Platz vorbei, wo mit Drogen gehandelt wurde. In der Regel war ich immer froh, wenn ich an jener Ecke vorüber war. Aber dann habe ich irgendwo einen Satz aus dem Korintherbrief aufgeschnappt, ein richtiges Programm: „Den Schwachen wurde ich ein Schwacher, um die Schwachen zu gewinnen" (1 Kor 9,22). Der Satz ließ mich nicht mehr los. Eines Tages blieb ich bei einem von ihnen stehen und ließ mir zeigen, wie man geflochtene Armbänder macht, die sie dort verkauften. Der junge Mann merkte, daß ich mich für ihn interessierte, und begann, mir sein ganzes Leben zu erzählen. Am Ende sagte er: „Zum ersten Mal spüre ich, daß ich einen wirklichen Freund gefunden habe." Auf dem Heimweg hatte ich eine Freude wie selten in meinem Leben. In den nächsten Tagen lernte ich durch meinen neuen Freund seine ganze Clique kennen. Allmählich wuchs eine Beziehung von gegenseitigem Respekt und Vertrauen. Einmal wollte einer von ihnen mein Fahrrad ausleihen. Es war eine Chance, konkret zu lieben, und so gab ich es ihm. Als er es zurückbrachte, war das Rad nicht nur geputzt, sondern auch repariert. Später erfuhr ich, daß er ernsthaft überlegt hatte, das Fahrrad in Drogen umzusetzen; aber er hatte keinen Mut dazu. Da begriff ich: Auch er fing an zu lieben.

Begeistert erzählte ich meine Erlebnisse unserem Pfarrer. Eines Tages war ich von einer seiner Predigten ganz gepackt. „Bittet, dann wird euch gegeben" (Mt 7,7) hieß es da. Ich dachte sofort an meine neuen Freunde von der Straße und bat Jesus: „Gib mir einen von ihnen, nicht für mich, sondern für Dich." Eine Woche später hielt mich einer von ihnen an: „Ich halte es nicht mehr aus. Ich will so nicht weiterleben. Seit einigen Tagen bin ich schon ohne Drogen. Bitte, nimm mich mit!" Ich überlegte, wohin ich mit ihm gehen könnte. Mir war klar, daß ich ihm jetzt sagen mußte, warum ich den Kontakt zu ihnen gesucht hatte. Die Folge war, daß er jeden Abend dazukam, wenn ich mich mit Frei Hans traf. So lernte auch er nach und nach das Evangelium kennen, und zwar durch das eigene Leben. Er lernte zu lieben, Jesus im anderen zu sehen, um Verzeihung zu bitten. Jeder noch so kleine Erfolg hellte sein Gesicht auf. Das blieb natürlich auch den anderen in der Clique nicht verborgen, und nach kurzer Zeit traf man sich nicht mehr auf dem Platz, sondern in der Kirche oder bei mir zu Hause. Allmählich reifte der Entschluß, zusammenzuziehen und uns mit ehrlicher Arbeit den Unterhalt zu verdienen. So kam es. Wir hatten eine gemeinsame Kasse, und jeder fühlte sich für das Ganze verantwortlich.

Für mich wurde aus diesem Abenteuer in erster Linie ein geistlicher Weg. Hatte Jesus seinen Jüngern nicht versprochen, er werde bei ihnen sein, wann immer sie in seinem Namen zusammen seien? Dafür wollte ich leben, und aus dieser Grundentscheidung, davon bin ich fest überzeugt, ist letztlich all das entstanden, was Gott in den letzten zehn Jahren hat wachsen lassen. Natürlich kamen mir auch Zweifel, ob ich mit meinem Engagement richtiglag. Da war der Druck von außen: Du mußt an deine Zukunft denken! Aber die Erfüllung, die ich in meinem neuen Leben empfand, die innere Freude, aber auch die äußere Logik gaben mir die Sicherheit, daß Gott hier seine Finger im Spiel hatte und für mich sorgen würde. Denn mir war klar, daß Gott es war, der mich zu diesem Leben auf der Fazenda da Esperança rief. 1990 habe ich dann – als erster, aber nicht als einziger – mein Leben Gott geweiht im Dienst an den Drogenabhängigen. Und ich habe seitdem nichts bereut, ganz im Gegenteil!

Liebender Beistand

Zwei Menschen,
einander zugeneigt an der Grenze des Lebens.
Zwei, die zueinanderstehen, auch im Schmerz.

Angenagelt der eine,
zusammengeschweißt aus alten Auspuffrohren,
gebunden auf das Holz eines angeschwemmten, schiffbrüchigen Bootes.

Reine Präsenz die andere,
Gestalt, die sich ganz zurücknimmt, aus altem Gestänge gelötet.
Allein an der Stelle des Herzens leuchten rötlich kostbare Steine.

Maria unter dem Kreuz: ohnmächtig, ausdauernd, stark.
Alles ist ihr genommen, alles hat sie gegeben.
Stark wie der Tod ist die Liebe.

Es ist wohl schwierigste Mission des Christen, nichts anderes machen zu können, als sich unter das Kreuz des anderen zu stellen und dort auszuhalten, ihm Mut zuzusprechen, Sterbehilfe zu leisten – wie Maria unter dem Kreuz. Dieses Meditationsbild, aufgestellt in einer häufig aufgesuchten Kapelle auf dem weitläufigen Gelände der Fazenda, hat für viele, die hier wohnen und arbeiten, einen sehr realen Hintergrund. Denn ungefähr 5 % der drogenabhängigen Jugendlichen, die auf die Fazenda kommen, leben mit der tödlichen Gewißheit, HIV-infiziert zu sein und in absehbarer Zeit an Aids zu sterben.

So lange wie möglich leben die Aidskranken ganz normal in ihren Wohngemeinschaften. Unter den „drogados" gibt es keine Trennung, aber auch keine Diskriminierung. Der Umgang miteinander ist unverkrampft. Eine Lebens- und Schicksalsgemeinschaft auf Zeit, verbunden mit der Verantwortung, den anderen vor der eigenen Krankheit zu schützen. Wenn die Krankheit schließlich so weit fortgeschritten ist, daß die Hausgemeinschaft mit der Pflege überfordert ist, werden die Aidskranken in ein Sterbehaus gebracht, immer im Verbund der Fazenda, wo rund um die Uhr für ihre medizinische und pflegerische Betreuung gesorgt ist. Vor allem aber werden sie hier auch geistlich begleitet. Denn sie stehen an der Grenze des Lebens, und viele wissen, daß sie nicht mehr viel Zeit haben, ihr Leben zu ordnen. In dieser Situation kommt die religiöse Dimension des Lebens viel existentieller zum Tragen als im rauhen Alltag.

Fazenda da Esperança – für die Aidskranken ist es die vorläufig letzte Lebensstation. Wer hier ankommt, weiß, daß er bald sterben wird. Er weiß aber auch, daß er dann nicht allein sein wird. So ist die Fazenda auch ein Ort der Hoffnung auf ein menschenwürdiges Sterben für jene, denen ein menschenwürdiges Leben versagt war. Und die Hoffnung trügt nicht, auch wenn es bis dahin oft ein hartes Stück Arbeit ist, das eigene Schicksal und den eigenen Tod anzunehmen oder etwa demjenigen, der den tödlichen Virus übertragen hat, zu verzeihen. Aber am Ende sind sie doch mit sich selbst versöhnt und sterben im Frieden mit Gott – getragen von der liebenden, selbstlosen Präsenz der Brüder und Schwestern. Wie viele würden alles dafür geben, einmal im Leben, und sei es auch bereits in Todesnähe, von einem Menschen wirklich geliebt zu sein.

Filomena

Mein Name ist Filomena Aparecida Scarelli. Ich bin 41 Jahre alt und stamme aus São Caetano do Sul im Staate São Paulo. Wenn ich sagen sollte, was mein Leben am nachhaltigsten geprägt hat, kann ich das mit einem Wort umreißen: der Alkohol. Mein Vater, meine Schwester und auch mein verstorbener Mann: sie alle waren alkoholkrank, und auch ich. Mit jedem von ihnen habe ich gegen diese zerstörerische Sucht angekämpft – immer vergebens.

Bis zu meinem 30. Lebensjahr führte ich ein alles in allem „normales" Leben. Dann lernte ich meinen späteren Mann kennen. Wir verliebten uns ziemlich schnell, und es dauerte nicht lange, bis ein Kind „unterwegs" war. Wie glücklich war ich, daß es ganz gesund war! Unser Sohn war der ganze Stolz unserer jungen Familie. Wir hatten ihn sehr lieb, er war für uns ein wahres Gottesgeschenk. – Wenn ich an jene Zeit zurückdenke, dann erscheint mir unser kleines Glück von damals wie ein Traum. Doch es gab schon bald ein schlimmes Erwachen.

Es dauerte nicht lange, bis ich merkte, daß ich durchaus nicht das große Los gezogen hatte. Durch meinen Mann, der damals schon alkoholkrank war, geriet auch ich ziemlich bald an den Alkohol, der bei uns im Haus immer in reichlichen Mengen vorhanden war. Damals hatten wir oft heftigen Streit, und zwischenzeitlich lebten wir immer wieder getrennt. In einer dieser Trennungsphasen holte sich mein Mann den HIV-Virus. Ohne es zu ahnen, steckte er auch mich an. Als ich es merkte, geriet ich in Panik. Mein bester Problemlöser war der Alkohol, und es ging immer mehr mit mir bergab. Weil ich keine Entziehungskur machte, wurde mir schließlich auch noch das Sorgerecht für meinen Sohn entzogen. Das ist wohl das Schlimmste, was einer Mutter passieren kann. Dieser Schlag war für mich der entscheidende Auslöser, mit der Entziehung endlich ernst zu machen. Auf der Suche nach einer Möglichkeit für eine Kur hörte ich zum ersten Mal von der Fazenda da Esperança. Ich wurde aufgenommen und hatte Glück; denn nach langer Zeit habe ich hier nicht nur ein menschenwürdiges Leben wiedergefunden, sondern auch den Glauben. Das war überhaupt erst die Voraussetzung, um auch innerlich vom Alkohol frei zu werden. Es war eine furchtbar schwere Zeit, aber gerade in der Krise und all den Schwierigkeiten habe ich Gott aufs neue kennengelernt.

Ich weiß nicht, wie viele Monate oder Jahre mir noch bleiben. Aber ich möchte in dieser Zeit vor allem die Entdeckung meines Lebens weitergeben: den gefunden zu haben, der mich liebt, Jesus. Ich habe vielleicht zum ersten Mal bewußt die Erfahrung gemacht, daß auch ich lieben kann und etwas zu geben habe. Das Schwerste war, zu akzeptieren, daß ich aidskrank bin – und daß ich vierzig Jahre meines Lebens im Grunde nicht wirklich gelebt habe. Erst hier auf der Fazenda ahne ich, was die Fülle des Lebens bedeuten mag. Aber es ist nie zu spät, anzufangen zu lieben, auch wenn ich bislang nur wenig Übung darin habe, andere zu akzeptieren, demütig zu sein – und vor allem nicht zu urteilen. Aber ich bin sicher: Wenn es mir gelingt, mich innerlich zu ändern, wird sich auch mein äußeres Verhalten ändern. Es ist das Beste, was ich den anderen, vor allem meinem geliebten Sohn, hinterlassen kann.

Wenn ich heute nur noch ein Wort zu sagen hätte, dann dieses eine: Danke! Danke für alles, was ich an Liebe erfahren durfte, daß ich gerade noch rechtzeitig den Sinn des Lebens gefunden habe und daß ich innerlich mit mir und Gott versöhnt sterben darf – in Würde.

Leben, das ausstrahlt

*Merkwürdige Ansammlung
von Schrauben, Zahnrädern, Schrott.
Aus dem Chor der aufgereihten Hacken
erhebt sich hochkant ein Bügeleisen.*

*Hacken mit Heiligenschein,
Protagonisten an der Tabernakeltür,
angestrahlt von einer Lichtquelle,
die von innen kommt.
Blasphemie?*

*Maria im Kreis der Apostel,
im Abendmahlssaal versammelt.
Ihre Einheit wirkt anziehend, strahlt etwas aus
und läßt das Wehen des Geistes verspüren.*

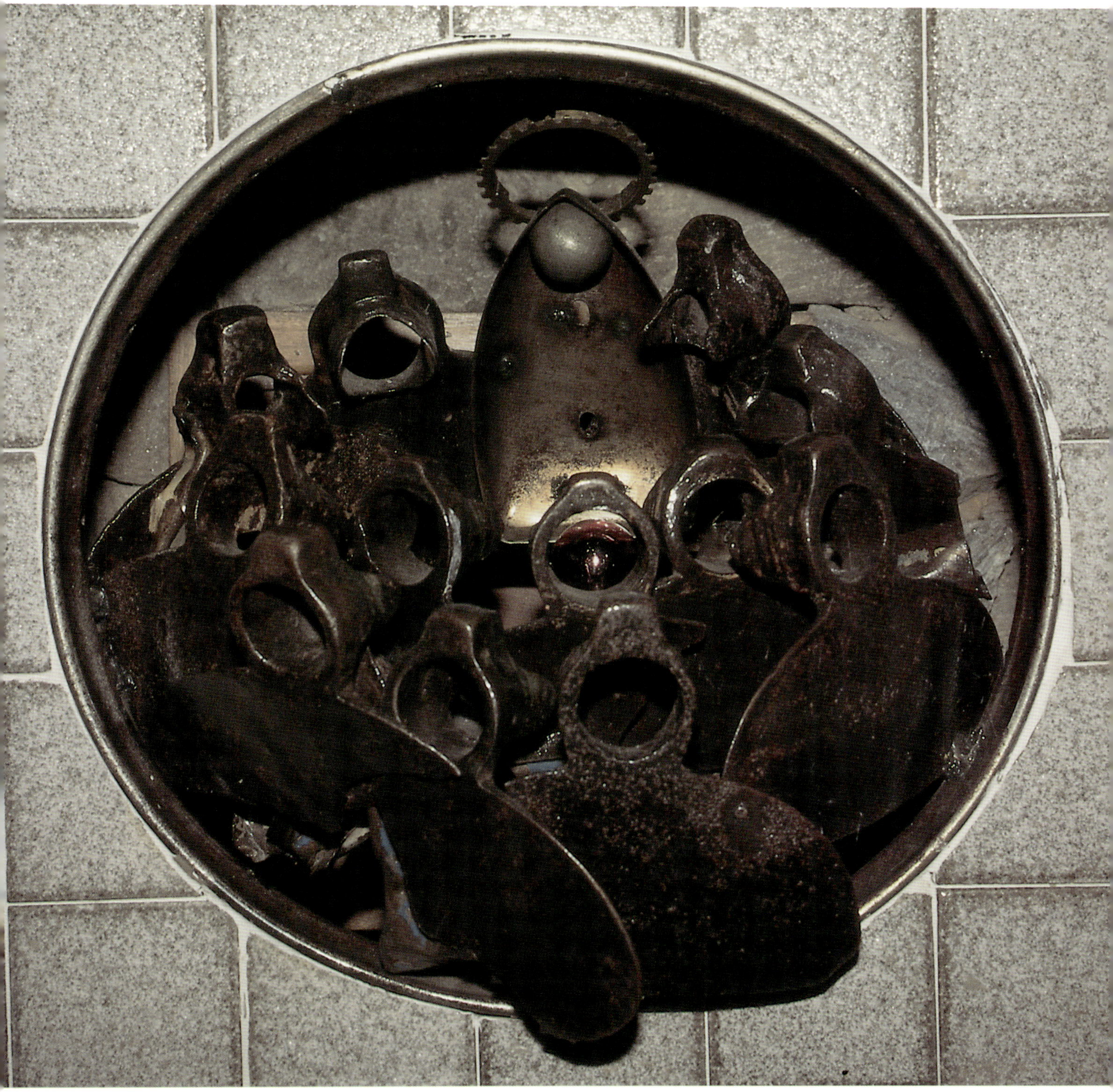

Das Projekt der Rehabilitation hat Erfolg, sensationellen Erfolg sogar, wenn man die Rückfallquote mit den minimalen Heilungserfolgen konventioneller psychologischer Therapien vergleicht. Zwar brechen auch auf der Fazenda immer wieder einige das Therapiejahr vorzeitig ab, meist in der ersten Euphorie, von der Droge oder vom Alkohol losgekommen zu sein. Doch wichtiger als das Absetzen der Droge – und für den längerfristigen Erfolg bedeutsamer – ist das Erlernen eines neuen Lebensstils, die Heilung der sozialen Beziehungen. Und genau das geschieht auf der Fazenda, im tagtäglichen Miteinander, in der spirituellen Ausrichtung. Die Familienangehörigen der „drogados" sind oft von dem Beispiel und Zeugnis der Fazenda angerührt und verstehen, daß die Heilung von der Sucht letztlich nur dann Erfolg haben wird, wenn auch das soziale Umfeld sich ändert und die Eltern oder der Ehepartner den hier erlernten Lebensstil des Evangeliums mitleben. So breitet sich das Leben nach dem „Wort" aus, nicht zuletzt auch durch den monatlichen Rundbrief, über den die allermeisten „drogados" auch nach der Rückkehr ins normale Leben untereinander in regelmäßigem Kontakt stehen.

Den allermeisten gelingt es, nach dem einjährigen Therapieaufenthalt zu Hause wieder Fuß zu fassen, eine Familie zu gründen, regelmäßiger Arbeit nachzugehen ... Das spricht sich natürlich herum. Über die Jahre entstanden zudem vielfältige und fruchtbare Kontakte und Beziehungen zu Politikern, Regierungsbeamten, Journalisten etc. Auch das nationale Fernsehen hat verschiedentlich über die Fazenda berichtet, und so gibt es lange Wartelisten von Rehabilitanden aus ganz Brasilien, aber auch aus Deutschland.

Mit einer Schweizer Kantonalregierung gibt es Pläne, verurteilte drogenabhängige Straftäter im offenen Vollzug auf der Fazenda da Esperança in Brasilien zu therapieren – für die Gerichte in der Schweiz eine ausgesprochen kostengünstige Variante, verglichen mit einheimischen Therapieplätzen, und eine erfolgreiche dazu. Aber das Projekt ist nicht nur erfolgreich, es macht auch Schule. Mittlerweile gibt es bereits Ableger der Fazenda in den Bundesstaaten Maranhao, Pernambuco, Sergipe, Rio Grande do Sul und Cuitiba Paraná. Und immer wieder werden Frei Hans Grundstücke und Gebäude angeboten mit der Bitte, auch in anderen Teilen des Landes ähnliche Projekte zu starten. Doch tut das Sozialwerk gut daran, nur in dem Maß zu „expandieren", als es genügend Verantwortliche gibt, die den Neugründungen auch eine entsprechende spirituelle Prägung geben können.

Fernando und Berenice

Fernando: Wir kannten uns bereits acht Jahre, als wir heirateten. Schon vom ersten Augen-Blick „stimmte" es zwischen uns. Wir hatten dieselben Ideale und suchten beide ein Leben, in dem Gott die Hauptrolle spielte. Unsere Beziehung war daher ein gutes Übungsfeld, unser gemeinsames Leben vom Glauben her zu gestalten und alles miteinander zu teilen: Freude und Leid, unser Geld, unsere Zeit. Mit unserem definitiven, öffentlich bekundeten „Ja" zueinander haben wir dann auch Gott unser gemeinsames Ja-Wort gegeben. Wir wollten uns nicht auf unsere traute Zweisamkeit, das private Glück unserer kleinen Familie zurückziehen, sondern uns zur Verfügung stellen, wo und wie Gott uns braucht.

Berenice: Was das heißt, haben wir allerdings erst Jahre später verstanden, als wir gebeten wurden, die Verantwortung für eine neue Fazenda in Garanhuns im Staate Pernambuco zu übernehmen. Das hieß für Fernando, eine gutbezahlte Arbeit in einem Unternehmen aufzugeben, in dem er seit zehn Jahren tätig war und sich das Vertrauen seiner Kollegen wie der Vorgesetzten erworben hatte. Im Vorstand wollte man ihn nicht gehen lassen, und man machte ihm attraktive Angebote. Als Fernando schließlich erklärte, daß er mit seiner Familie ins Landesinnere ziehen wolle, um dort Drogensüchtigen zu helfen, reagierte der Chef spontan und bot ihm in jener Stadt ein großes Haus an, in dem wir mit der ganzen Familie umsonst wohnen könnten. Das war für uns eine deutliche Bestätigung, daß wir uns nicht in unsere eigenen Ideen verrannt hatten. Also zogen wir mit unseren Kindern weg von Recife, nach Garanhuns.

Fernando: Den Entschluß haben wir bis heute nicht bereut, auch wenn der Start nicht leicht war. Es gab tausend Hindernisse, den Kampf mit den Behörden, das Mißtrauen der Nachbarn, die Angst vor dem finanziellen Ruin, und natürlich auch die eigenen Fragen und Bedenken, ob dieses Abenteuer auch gegenüber der Zukunft unserer Kinder zu verantworten sei. Aber der Erfolg hat uns recht gegeben; denn in alldem war überdeutlich, daß der Segen Gottes auf diesem Einsatz lag. Das Leben mit den „drogados", ihr Mut und das ehrliche Bemühen, das Evangelium zum Maßstab für das konkrete tägliche Leben zu nehmen, hat uns seitdem sehr beeindruckt – und auch ein wenig beschämt. Es weckte in uns den Wunsch, es ihnen gleichzutun. Immer wieder gab es überraschende Wendungen, und das Aufblühen dieser jungen Kerle, die bislang vom Leben nicht gerade verwöhnt waren, ihre aufkeimende Hoffnung, die strahlenden Gesichter – all das ist schon Belohnung genug.

Berenice: Vor einiger Zeit fragte einer unserer Jugendlichen einen Bischof, der zu Besuch auf der Fazenda war, ob auch sie trotz ihrer sündigen Vorgeschichten noch heilig werden könnten. Seine Antwort hat mich überrascht und innerlich bewegt: „Gott schaut nicht auf die Vergangenheit, sondern auf die Gegenwart. Liebe alle, und Er wird sich um das übrige kümmern. Liebe nur!"

Liborius

Heiliger Mann im vornehmen Kleid.
Man merkt sofort, du bist nicht von hier.
So fein geschnitzt, so akkurat dein Faltenwurf.
Hier hat sonst keiner Gold aufgetragen.

Wen suchst du hier, was treibt dich her?
Warst du es nicht, der einst den Neubekehrten
vor über tausend Jahren zum Patron gegeben,
ein Heiliger, der Brücken baut?

Liborius, Botschafter des Glaubens,
aufgebrochen aus der alten Welt,
um der jungen Kirche beizustehen.
Du stärke deine Brüder – und Schwestern,
deren Glaube schwach,
doch deren Herz voller Hoffnung ist!

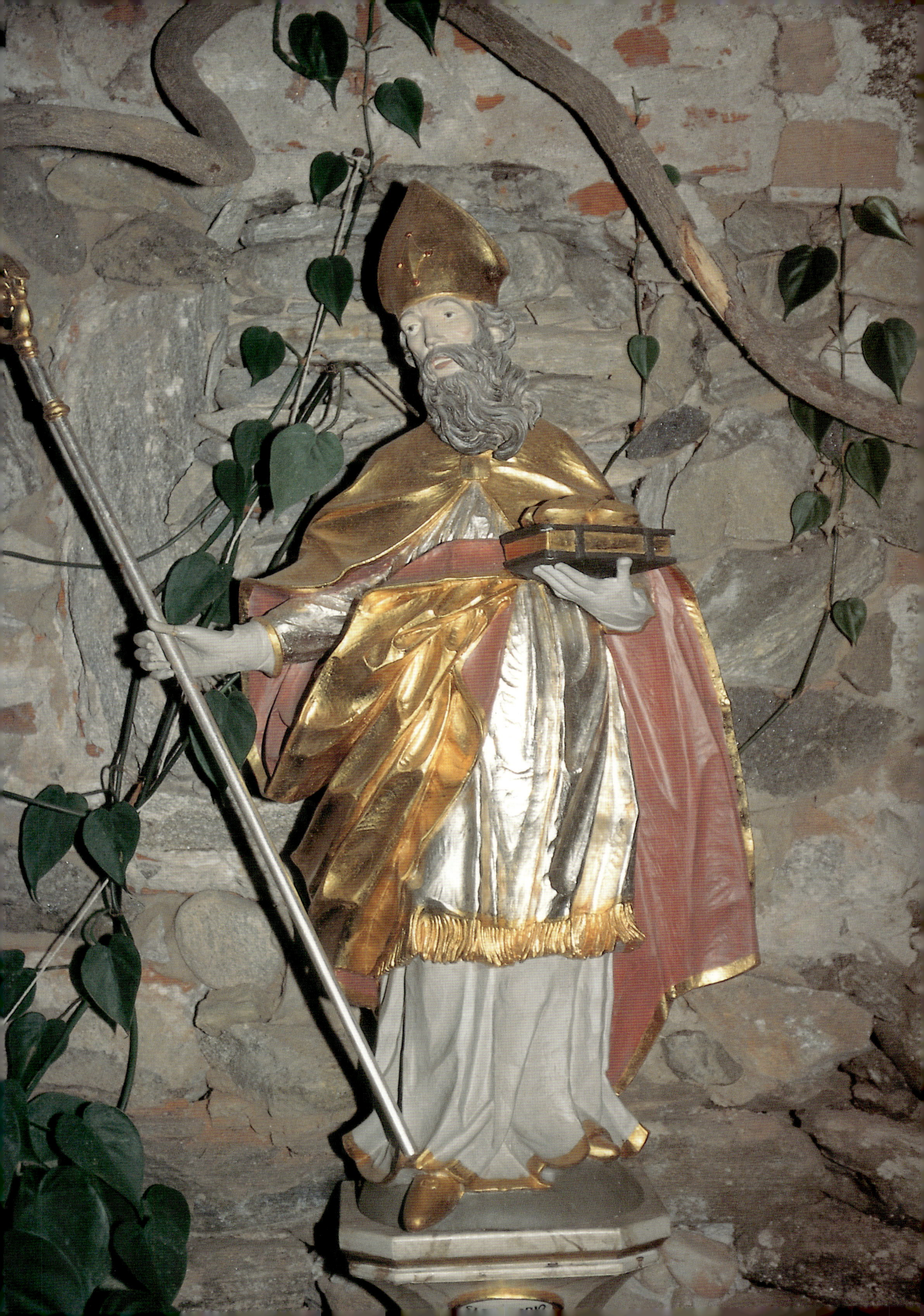

Auch das Centro São Liborio hat seine Geschichte, ein Exerzitienhaus, mitten hineingebaut in die Lebenswelt der „drogados". Schon früher wurde Frei Hans immer wieder eingeladen, Exerzitienkurse zu halten: für Menschen aus allen Schichten und Gruppierungen, für Priester und Seminaristen – und immer wieder für Ordensschwestern. Es sprach sich herum, daß seine geistlichen Vorträge aus dem Leben kamen und zum Leben anregten. Doch blieb oft der schale Geschmack, daß die Wirkung solcher Tage geistlicher Einkehr recht begrenzt und schon kurze Zeit später wieder von der Routine und den Sorgen des Alltags aufgebraucht war.

Dies sollte sich ändern, als Schwester Judith, die Generaloberin der Sießener Franziskanerinnen, zum ersten Mal den jungen Menschen der Fazenda da Esperança begegnete. „Hier ist der Himmel offen" war ihr spontaner Eindruck, und mit Bestimmtheit fügte sie hinzu, man müsse „geistliche Übungen", Exerzitien eben, dort machen, wo der Geist Gottes besonders spürbar sei. Sie meinte damit die Fazenda, und so entstand der ungewöhnliche Plan, ein Exerzitienhaus in das Lebenszentrum von ehemaligen Drogenabhängigen, Dieben, Prostituierten, Mördern … zu integrieren: Exerzitien der etwas anderen Art, Tage geistlicher Orientierung, in denen man sich nicht primär in die Stille zurückzieht, zu Gebet und Meditation, sondern gleichsam dem leidenden Jesus ins Gesicht schaut. Wessen Herz wäre so hart, so verschlossen, daß er sich nicht dazu hinreißen ließe, in den bewegenden Lebens- und Bekehrungsgeschichten der „drogados" die Wunder Gottes zu bestaunen und der verändernden Kraft des Gottesgeistes zu trauen!

Es blieb nicht lange nur eine Idee. Erzbischof Degenhardt und Generalvikar Kresing aus Paderborn, die kurze Zeit darauf die Fazenda besuchten, sahen in diesen Überlegungen eine echte Inspiration und sorgten dafür, daß der Traum realisiert werden konnte. So entstand unter dem Patronat des Paderborner Diözesanheiligen das Centro São Liborio. Monat für Monat kommen seitdem Menschen auf die Fazenda, die Erneuerung und Vertiefung ihres geistlichen Lebens suchen – und auch finden.

Von Anfang an gab es auf der Fazenda immer auch jugendliche Helfer aus Deutschland, Österreich, der Schweiz …, die hier ein freiwilliges soziales Jahr oder ihren Zivildienst ableisten, und nicht wenige haben über diesen „Umweg" zu einem vertieften persönlichen Glauben gefunden. Mehrere Ordensgemeinschaften haben seitdem darum gebeten, ihre Novizen regelmäßig einige Monate auf der Fazenda arbeiten und mitleben zu lassen. So muß sich im Umgang mit den „Armen" unserer Tage erweisen, ob eine Ordensberufung echt und tragfähig ist. Dies gilt auch für Priesterkandidaten aus verschiedenen Diözesen, denen die Einfachheit, Direktheit, aber auch Radikalität der „drogados" ausgesprochen guttut und sie zu einer größeren menschlichen Reife und geistlichen Tiefe herausfordert.

Christian

Ich heiße Christian Heim und stamme aus Meschede im Sauerland. Als ich mich im Januar 1989 Hals über Kopf entschied, den Tip meines Heimatkaplans aufzugreifen und für einen „Dritte-Welt-Einsatz" nach Brasilien zu fliegen, wußte ich weder, was mich erwarten würde, noch, was mich eigentlich genau dazu bewogen hatte. Es zog mich nach Schule und Bundeswehr einfach in die Ferne.

Nachdem ich mich einige Tage an das Klima und die Sprache gewöhnt hatte, wurde ich einer Fazenda zugeteilt, die eine Autostunde von der Stadt entfernt lag. Mir war schon ein wenig elend zumute, als ich dort mit meinen großen Koffern aus Deutschland ankam. Man hätte ohne weiteres die Kleidung aller zehn Mitbewohner darin verstauen können. Doch alle Vorbehalte, Hemmungen und Ängste waren nach den ersten Minuten bereits verflogen. Mit offenen Gesichtern, helfenden Händen und liebevollen Gesten kamen mir meine neuen Hausgenossen entgegen und hatten mich im Nu „erobert".

In den darauffolgenden Wochen lernte ich ihr Leben kennen. Ich wurde einer von ihnen und suchte mich in ihren Rhythmus einzufinden. Aber je besser ich mit der Sprache zurechtkam, desto weniger „verstand" ich die Zusammenhänge. Schließlich hatte ich es durchweg mit Leuten zu tun, die in ihrem jungen Leben bereits eine Menge auf dem Kerbholz hatten, einer noch schlimmer als der andere – doch erlebte ich sie ausgesprochen freundlich, hilfsbereit, sympathisch. Im Umgang mit ihnen lernte ich ziemlich bald, daß ich meine Kategorien und bewährten Beurteilungsmuster getrost vergessen konnte. So mußte sich Paulus den „neuen Menschen" vorstellen: Menschen, erfahren im Kampf um das tägliche Überleben, hatten jetzt einen Blick für den Nächsten, teilten hier miteinander das Essen und gingen nach einem Streit wieder aufeinander zu und versöhnten sich. Diese Kerle lebten mir vor, womit ich mich bis dahin nur in der Theorie auseinandergesetzt hatte, in der Kirche, in Schule und Bibelkreis. Die jeweils neuankommenden Drogenabhängigen, die unter dem Entzug litten und noch den Groll, die Alpträume und Wunden ihres verkorksten Lebens mit sich herumschleppten, wurden geduldig ertragen, mit durchgetragen. Gerade das war für die Neuen so verblüffend, daß keiner etwas von ihnen wollte, daß sie vielmehr so angenommen wurden, wie sie waren. Sie erfuhren Liebe und Anerkennung und lernten nach und nach den aufrechten Gang.

Am meisten beeindruckte mich Júlio, der Verantwortliche auf unserer Farm. Er, der ein langes Vorstrafenregister hatte und im offenen Vollzug auf der Fazenda seine Strafe verbüßte, hatte von allen die größte Liebe. Er war immer da, machte mir Mut und weckte in mir die Sehnsucht, auch so radikal wie er für Gott zu leben. So waren sie es, Leute von der Straße und vom Rand der Gesellschaft, die mir zeigten, was ein Leben mit Gott bedeutet, welche Konsequenzen es mit sich bringt und wie es das Leben verwandelt. Nicht ich war, wie ich anfangs meinte, „Missionar auf Zeit": Sie waren allesamt für mich Missionare. Was ich dort kennen- und leben gelernt habe, ein Leben für und mit Gott, im Dienst am Nächsten, hat mich fasziniert und in mir die Frage aufgeworfen, ob ich nicht Priester werden sollte.

Das alles ist bereits einige Jahre her. Nach meiner Rückkehr aus Brasilien habe ich das Theologiestudium aufgenommen und mittlerweile auch abgeschlossen. Vor kurzem wurde ich zum Diakon geweiht und werde, so Gott will, bald als Priester meinen Dienst tun. Aber die 15 Monate auf der Fazenda da Esperança sind aus meinem Leben nicht mehr wegzudenken. Sie sind mehr als nur eine schöne Jugenderinnerung, die man wie ein Fotoalbum von Zeit zu Zeit hervorkramt und mit Wehmut betrachtet. Die Monate auf der Fazenda haben mich vielmehr nachhaltig geprägt und halten in mir den inneren Anspruch wach, heute wie damals das Evangelium konkret zu leben – damit die Hoffnung eine Chance hat.

Wo die Hoffnung einen Namen hat ...

Wir stehen am Vorabend des dritten Jahrtausends. Auch heute noch, nicht anders als zur Zeit Jesu, sind die Menschen voller Sehnsucht nach Liebe, Freiheit, nach Gott. Aber im Gegensatz dazu leben wir in einer Welt, in der es vor allem um Geld, Ehre und Macht geht. Während Gott gleichsam ein großes Festmahl ausrichtet und die ganze Menschheit an einen Tisch lädt, bleiben Millionen Menschen von der Feier ausgeschlossen. – Geschlossene Gesellschaft!

Ich mache mir keine Illusionen und sehe die Welt, wie sie ist. Aber ich sehe es als meine Berufung an, auf Mißstände aufmerksam zu machen und für die Hoffnung einzutreten. Denn es gibt ein Leben in Fülle, wonach sich alle sehnen. Der Auftrag, den mir die Kirche anvertraut hat, lautet, allen Menschen die denkbar beste aller „guten Nachrichten" zu bringen: die Kunde von Jesus, der unermüdlich unterwegs war auf den Straßen Palästinas, der Kranke heilte, Tote auferweckte, Kinder aufnahm, Frauen ihre Würde zurückgab und einfache Fischer zu seinen Jüngern berief. Aber wir stehen heute in einem großen Dilemma: Jesus und seine Botschaft ist auch heute aktueller denn je – aber seine Botschaft kommt nicht an, sie erreicht die Menschen nicht, insbesondere die Jugendlichen, die Ausgestoßenen und an den Rand Gedrängten.

Als Bischof gilt meine erste Sorge dem religiösen Leben in unseren Gemeinden. Ich widme mich dieser Aufgabe mit ganzer Kraft und finde darin auch Erfüllung. Gleichwohl bleibt mir nicht verborgen, daß viele Menschen, vor allem Jugendliche, von der Kirche mit ihren traditionellen Strukturen gar nicht mehr erreicht werden. Daher hat mich der Aufruf Papst Johannes Pauls II. vor einigen Jahren so aufmerken lassen, als er dazu aufforderte, mit missionarischem Eifer nach neuen Wegen und Möglichkeiten der Evangelisierung zu suchen. Denn die zentrale Frage, die wir an unsere Verkündigung stellen müssen, lautet doch: Wie können wir die Frohe Botschaft, die Gute Nachricht, so verkünden, daß die lebenspendende und lebenverändernde Kraft des Evangeliums auch heute erfahrbar wird?

Als ich dann zum ersten Mal von der Fazenda da Esperança hörte, sah ich darin die Antwort Gottes. Der Kontakt mit der Fazenda, die in der Zwischenzeit auch in unserem Bundesstaat eine „Filiale" eröffnet hatte, hat mir vor allem seit meiner Ernennung zum Bischof die Augen geöffnet und das Herz weit gemacht; denn ich soll ja Christus repräsentieren, den Guten Hirten, der dem verlorenen Schaf nachgeht. Vor diese Verantwortung gestellt, habe ich die Drogentherapie dieses Selbsthilfeprojekts, das im christlichen Glauben und in der Heiligen Schrift ihr geistiges Fundament gefunden hat, noch einmal tiefer verstanden.

Ich begann, mich auch persönlich mehr und mehr auf diese faszinierende Lebensschule einzulassen und die Entwicklung der Fazenda und ihrer Verantwortlichen aus der Nähe zu begleiten. Dabei habe ich entdeckt, wie das Wort Gottes, wenn es in die Tat umgesetzt wird, überreiche Frucht bringt: Drogen- und Alkoholabhängige, die von ihrer Sucht freikommen und ihre Tage in Frieden mit Gott und den Menschen beenden; Räuber und Diebe, die den Sinn der Arbeit und Gerechtigkeit wiederentdecken; Männer und Frauen, die hier eine ganz neue Beziehung zu Gott gefunden haben, der sie aus allem Elend befreit.

Man wird dieses gewaltige Sozialprojekt, das größte seiner Art in Brasilien auf dem Feld der Drogenrehabilitation, nicht recht würdigen können, wenn man nicht die spirituellen Wurzeln sieht, aus denen sich das Sozialwerk speist: das franziskanische Ideal, das P. Hans Stapel als Ordensmann ebenso verinnerlicht hat wie das Charisma der Fokolar-Bewegung, der er seit Jahrzehnten tief verbunden ist. Beide spirituellen Ansätze haben sich in seinem persönlichen Charisma gegenseitig befruchtet und dieses Werk hervorgebracht, das letztlich ein Werk Gottes ist. Ich sage aus voller Überzeugung: Für mich ist die Fazenda da Esperança ein „Wallfahrtsort der Neuevangelisierung", weil hier die ewig Suchenden aufgenommen werden, die sich, obwohl auf falschen Wegen, so sehr nach Liebe, Frieden, nach Glück sehnen. Menschen, die in ihrer Familie nie wahre Liebe erfahren haben, die auch in unseren Kirchen oft nicht verstanden und von der Gesellschaft abgelehnt wurden, finden hier den Weg, die Wahrheit, das Leben: Jesus. Mehr noch: Ihr Zeugnis hilft auch denen, die sich selbst für gerecht halten, und öffnet ihnen die Augen dafür, daß noch schlimmer als die Drogenabhängigkeit ein Leben ohne Gott ist. Insofern ist die Fazenda auch ein Wallfahrtsort für viele Christen, die hier Gott inmitten einer lebendigen Gemeinschaft erfahren und für ihr Leben im Alltag Kraft und Ermutigung finden.

Jedesmal, wenn ich mich eine Zeitlang auf einer der Fazendas aufgehalten habe, kehre ich mit neuem Elan und innerer Kraft in meine Diözese zurück. Und ich berichte von den Wundern, die mit Menschen geschehen, die sonst wie der Müll der Gesellschaft behandelt werden. Die in dem vorliegenden Band dokumentierte sakrale Kunst, die sich aus Wegwerfgegenständen zusammensetzt, ist in meinen Augen ein Realsymbol für den Menschen, der, vom Leben bereits ausgeschlossen, auf der Fazenda da Esperança neue Hoffnung schöpft. Das sind die Wunder der Liebe Gottes, und es ist das Ergebnis von unendlich vielen kleinen Taten der Liebe, von Menschen, die – wie Jesus, wie Maria – gelernt haben, ihr Leben zu verschenken: weil sie eine Hoffnung gefunden haben.

† Dino Marchio

Bischof von Pesqueira

*Auf der Fazenda da Esperança wird nicht nur gearbeitet.
Auch Sport und Spiel nehmen hier breiten Raum ein.*

Gesichter, die für sich sprechen: „drogados", die nach einem verkorksten Leben hier ihre Würde und Lebensfreude wiedergefunden haben

Autoren

P. Hans Stapel OFM
geb. 1945, schließt zunächst eine Buchbinderlehre in Paderborn ab. Auf den Schulabschluß am Clemens-Hofbauer-Kolleg, Bad Driburg (zweiter Bildungsweg), folgt der Wechsel nach Brasilien, wo er sich 1972 dem Franziskanerorden anschließt. Nach philosophisch-theologischen Studien in Petropolis zum Priester geweiht, wird ihm 1979 vom Orden die Seelsorge in Guaratinguetá/S.P., einer Gemeinde mit rd. 40 000 Mitgliedern, anvertraut. In diese Zeit fallen die Gründung und der Aufbau des Obra Social „Nossa Senhora da Glória" zur Rehabilitation Drogenabhängiger. Seit 1990 ist er vom Orden für das Sozialwerk freigestellt.

Dr. Peter Klasvogt
geb. 1957, wird nach theologischen Studien in Paderborn, Jerusalem und Augsburg sowie nach einem einjährigen Spiritualitätskurs in Frascati/Rom 1984 in Paderborn zum Priester geweiht. Nach Vikarstätigkeit in Höxter/Weser ist er von 1986 an als Wissenschaftlicher Mitarbeiter am Lehrstuhl für Pastoraltheologie in Augsburg tätig, bevor er 1990 im Paulus-Kolleg, Paderborn, mit der Begleitung von angehenden Gemeindereferenten/-innen mehrerer Bistümer betraut wird. 1991 promoviert er mit einer Arbeit über die Verkündigung Johannes Chrysostomos'. Seit 1993 ist er Regens am Erzbischöflichen Priesterseminar in Paderborn.

José Evilázio Vieira
geb. 1947, besucht die Schule der Bildenden Künste in Bahia. Seine Arbeiten (in Öl auf Leinwand) finden bald auch international Interesse und Anerkennung. Seit 1983 ist er an mehreren Ausstellungen beteiligt und wird 1984 Dauerausteller mit Exklusivrecht bei der Ludus-Artis-Galerie in Sergipe. Während eines Gastaufenthaltes in der Nähe von Florenz (1989-91) entstehen erste Plastiken aus Alteisen. Nach seiner Rückkehr richtet er sein Atelier in Recife ein und erhält 1994 einen ersten Auftrag für die Gesamtgestaltung einer Kapelle. Er ist Mitarbeiter auf der Fazenda da Esperança und hat 1995 für das Therapiezentrum sakrale Kunst geschaffen, die in dem vorliegenden Band dokumentiert ist.

Fotonachweis: Jose Luiz Fagiolo (S. 9, 13, 21, 25, 29, 33, 37, 41); Christian Heim (S. 17)

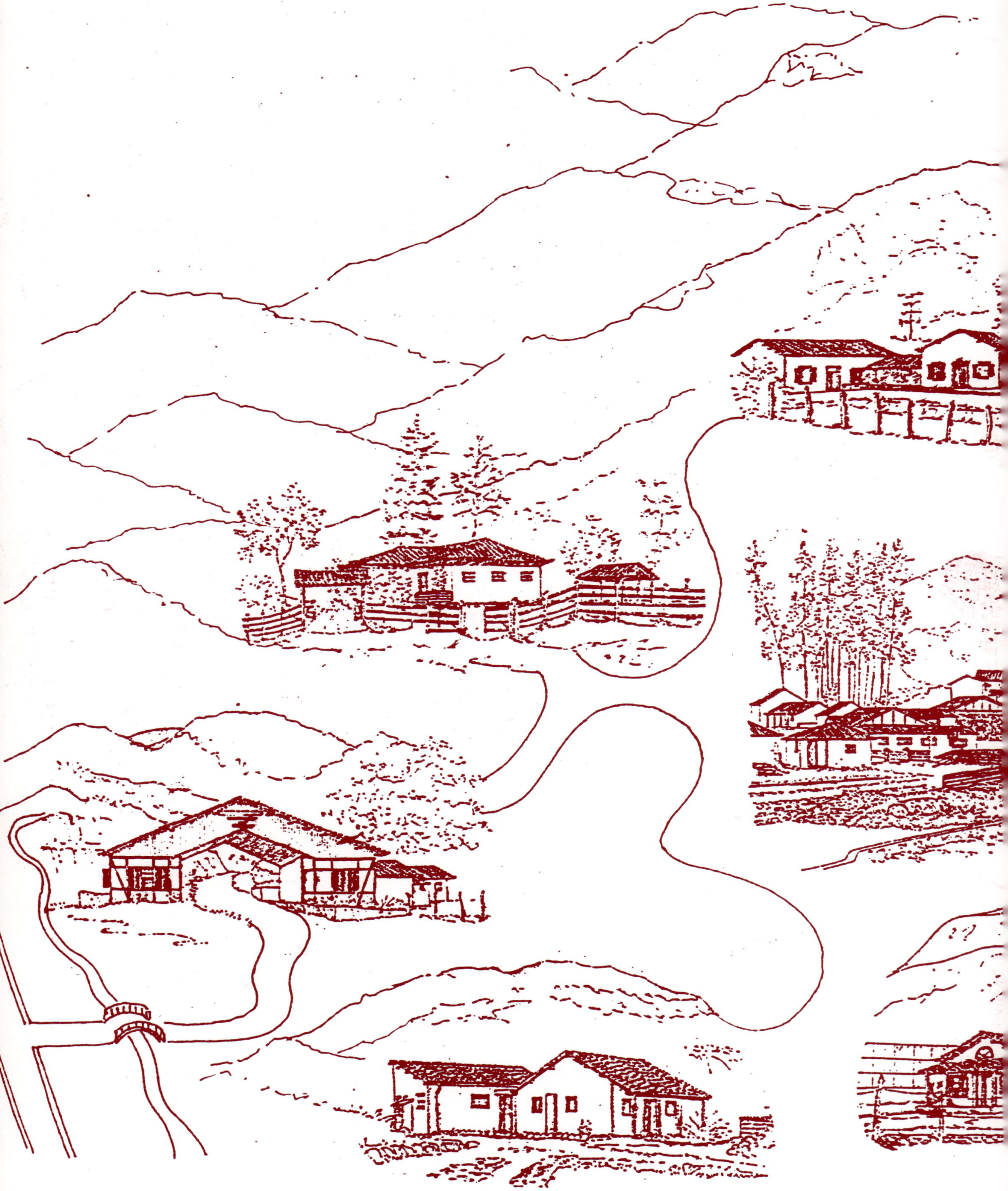